Wir sind ein Team

- Richtig erziehen und ausbilden

- Konsequent korrigieren

- Ein Buch zum Nachdenken und Ausarbeiten

IMPRESSUM

Alle Angaben in diesem Buch sind sorgfältig erwogen und geprüft. Sorgfalt bei der Umsetzung ist indes doch geboten. Verlag und Autor übernehmen keinerlei Haftung für Personen- Sach- oder Vermögensschäden, die in Zusammenhang mit der Anwendung und Umsetzung entstehen können.

© 2008, Klaus Hirschmann
Herstellung und Verlag: Books on Demand GmbH „Norderstedt"

Titelbild und Fotos: Klaus Hirschmann
Layout: Michaela Maibach

ISBN-13: 9783837077070

Für alle Hunde, die mich ein
leider allzu kurzes Stück
meines Lebens begleitet haben
oder noch begleiten – die besten
Freunde, die man sich wünschen kann.

WARUM DIESES BUCH?

Es ist immer das Gleiche: Frage ich bei einem meiner Kurse die Teilnehmer, warum sie sich für diesen Lehrgang entschieden haben, so stellt sich heraus, dass die wenigsten wissen, was sie tatsächlich erwartet.

Auf alle Fälle wollen sie ihren Hund erfolgreicher führen als bisher.

Meine Aufgabe ist es nun, im Kurs die Teilnehmer zu überzeugen:

- dass sie dafür sorgen müssen, dass sie selbst der Schlüssel für den Hund werden, der ihn zum Erfolg führt: nämlich zu etwas, was er gerne haben möchte oder was er gerne tun möchte,
- dass eine wirkliche Führung eines Hundes ausschließlich über Motivation nicht stattfinden kann und auch nicht dem Wesen des Hundes entspricht,
- dass durch „fragwürdige" Theorien dem Hund eher geschadet als geholfen werden kann, dass füttern und pflegen, lieb und nett sein, nicht genügen, um Zufriedenheit, Gehorsam, Kooperation und Vertrauen des Hundes zu gewinnen.

Unzählige Bücher und Vorträge verkaufen einem „die Methode", um aus unserem Hund einen sozialverträglichen Vierbeiner zu formen. Wahre Glaubenskriege werden inzwischen um die einfachsten Fragen geführt.

Die Folgen sind unübersehbar:

- gestresste Hausfrauen planen ihren anstrengenden Alltag neu, weil sie ja noch mit dem Hund jagen gehen müssen.

- Gestandene Männer und Frauen tragen einen Hilfsmittelgürtel um den Bauch und loben ihre Hunde mit seltsam verstellten Stimmen.

- Kinder werden beauftragt, den Hund anzugähnen, damit der sich nicht herausgefordert fühlt.

- Auf der Hundewiese kommt niemand an dem selbst ernannten Kompetenzteam vorbei, das bestens informiert und ständig auf der Suche nach neuen Opfern ist, die ungefragt belehrt werden.

- Und plötzlich ignorieren zuhause alle den Hund, laufen verkrampft durch die Wohnung, lassen sich die ungewöhnlichsten Möglichkeiten einfallen, um ja als erster durch die Tür zu gehen, während die Geräusche–CD im Hintergrund dröhnend die Stimmung weiter auflädt.

Erfolg ist planbar. Dein Erfolg ist zu 90% von deiner Einstellung abhängig, also wie du die Dinge siehst, und nur 10% wie du sie ausführst.

Deine Einstellung entscheidet über das erreichbare Ziel, nicht die Begabung.

Einen ersten Schritt um in Zukunft noch erfolgreicher zu werden, kannst du tun, wenn du dein Denken und Handeln durch Training kontrollierst und dir weiteres Wissen zum Thema: „Hund" aneignest.

Verlieren kannst du nichts – außer Frust und Verkrampfung.

Deshalb dieses Buch zum Nachlesen, zum Vertiefen, zum Ausarbeiten und zum Weitermachen.

VORWORT

Du wünschst dir und deinem Hund mehr Erfolg im Training, im Wettkampf, auf Prüfungen oder Turnieren und suchst für die Aufgabe den besten verfügbaren Trainer. Recht hast du, ich stimme mit dir überein und freue mich, dir seinen Namen verraten zu können: **Du bist es.**

Jetzt schüttelst du gewiss den Kopf und sagst mir, dass ich im Irrtum sei - dennoch behaupte ich, dass niemand besser geeignet ist, deinen Hund auszubilden, als du selbst. Du bist sein Freund und damit das menschliche Wesen, das der Sinn seines Lebens und der Mittelpunkt seines Daseins ist. Wie kannst du glauben, dass ein Fremder dich zu ersetzen vermag.

Du brauchst vielleicht eine technische Anleitung, wie du deinen Hund auszubilden hast. Du wirst sie sorgfältig lesen und über den Bildern brüten müssen, um den Kunstgriff zu lernen, der den Erfolg verbürgt; aber diese Kenntnis ist leicht erworben, denn du hast einen Vorteil für dich, den niemand sonst mit dir teilt: dein Hund liebt dich.

Ich will dir nicht einreden, dass die Ausbildung des Hundes mit einer Zauberformel zu bewältigen ist.
Es ist heute allgemein bekannt, dass der Besitzer der beste Erzieher seines Hundes ist. Dieser Grundsatz ist in Tausenden von Fällen mit Erfolg erprobt worden. Sei sicher, dass die meisten Besitzer eines folgsamen Hundes zuvor nicht mehr über ihn und seine Erziehung wussten als du. Was andere können, das kannst du auch.
Es gibt Bücher, deren Titel dir eine genaue Anleitung zur

Ausbildung deines Hundes ankündigen. Doch wenn du sie aufschlägst, findest du Bilder von schwierigen Aufgabenstellungen, und der Text mutet dir zu, deinen Hund zu hochwertigen Leistungen zu bringen, die deine Bedürfnisse weit übersteigen.

Ich versichere dir, dass das vorliegende Buch nichts enthalten wird, was du nicht selbst lehren und lernen kannst. Beherzige dabei, dass nur du deinen Hund ausbilden kannst.

REZEPTE GIBT ES NICHT

Es wäre natürlich ein leichtes für mich, Übungen in die eine Spalte zu setzen und die Anweisungen, wie sie vorzunehmen sind, in die andere.

Wenigstens würde es übersichtlicher erscheinen, solange man sich mit dem Lesen begnügt. Aber sobald man anfängt, praktisch mit dem Hunde zu arbeiten, würde man seine Meinung ändern. Das System der Rezepte funktioniert nicht. Hunde sind Einzelwesen. Sie reagieren verschieden.

Rezepte sind vortrefflich, wenn es sich um leblose Dinge handelt. Willst du zum Beispiel wissen, wie Kekse herzustellen sind, so brauchst du nur das entsprechende Backrezept aufzuschlagen. Du nimmst so und soviel Mehl, Milch, Zucker und Eier, und jeder Fachmann kann dir voraussagen, wie sich diese Teile in einer bestimmten Mischung bei einer bestimmten Temperatur verhalten werden. Je sorgfältiger du das Rezept befolgst, desto besser werden die Kekse ausfallen. Doch bei einem Tier, also einem Lebewesen von höchster Feinfühligkeit, kannst du nie voraussagen, wie es sich verhalten wird, ohne dass du es selbst, seinen Besitzer und die fraglichen Umstände kennst. Wenn du da einem starren System von Vorschriften folgst, kann das nicht nur zu einem Fehlschlag führen, sondern sogar zu Schlimmerem.

Man gibt dir ja auch kein Rezept in die Hand, wenn du einen Kraftwagen lenkst. Niemand würde es einfallen, dir jede Handbewegung vorzuschreiben, wenn du an eine Verkehrskreuzung kommst. Es könnte ja auch niemand voraussagen, welche Umstände du in diesem Augenblick antriffst. Man gibt dir nur die allgemeinen Verkehrsregeln mit auf den Weg, die zu beachten sind. In ihrem Rahmen hast du die Entschlüsse zu fassen, zu denen die Umstände dich zwingen.

Deshalb erwarte von mir keine Rezepte. - Stattdessen will ich versuchen, die allgemeinen Grundsätze zu erklären.

„Arbeite an dir". Vor allem musst du wissen, dass, wenn die eine Form der Mitteilung nicht anschlägt, eine andere versucht werden musst, bis du die richtige Form herausgefunden hast. „Richtig" bedeutet dabei nicht, was ein Buch richtig nennt, sondern was dein Hund verstehen kann.

Um einen gar nicht seltenen Fallstrick zu erwähnen: Stell dir vor, ein Buch rät: „Verwende als Sichtzeichen einen Schlag an dein Bein". Aber jedes Mal, wenn du es versuchst, beginnt dein Hund mit dir Karussell zu spielen oder nach der Hand zu schnappen. Kennst du aber den Grund für das Fehlverhalten, so wirst du es mit einer weniger einladenden Geste versuchen, die nicht miss zu verstehen ist, oder ein zusätzliches Hörzeichen geben, um ans Ziel zu gelangen.

Ich werde dir durch meine Erfahrung mit und von Hunden, die

kleinen Hilfestellungen verraten, aus denen ich selbst Nutzen gezogen habe. Du musst den Grund für alles wissen, was du zu tun hast. Doch wie du es zu tun hast, kann ich dir nicht vorgeben; denn wenn ich auch viele Hunde ausgebildet habe, deinen Hund kenne ich nicht. Du selbst musst entscheiden, wie du dich am besten mit deinem Hund verständigst und ihm Gehorsam beibringst. Wenn alle möglich Sichtzeichen und Hilfen nicht fruchten sollten, dann ist es an dir, dein Köpfchen anzustrengen und etwas Neues zu erfinden. Du musst ergründen, wie der Verstand deines Hundes arbeitet und wie du ihn beeinflussen kannst, immer bedenkend, dass du vor einem Lebewesen stehst und nicht vor einem Automaten.

Es gibt einen Weg der sicher zum Ziel führt:
Bring deinen Hund dazu, dass er versteht, was du von ihm
willst, und dann bring ihn dazu, dass er es tut.

EINSTELLUNG

Die Einstellung zum Hund ist das Erste, womit ich mich in diesem Kapitel näher befassen möchte. Es scheint zwei völlig verschiedene Extreme von Menschen zu geben.

So finden wir Menschen, die mit Druck einen Hund dazu bringen wollen, zu tun, was sie wollen. Solche Menschen setzen Zwang und Einschüchterung ein, um einen Hund zum Arbeiten zu bringen.

Dann gibt es auch die Menschen, die versuchen, ihren Hund mit Futter zu überreden doch bitte zu tun, was sie möchten.

Ein solcher Mensch bleibt meistens erfolglos, denn er fleht seinen Hund an, anstatt zu fragen und als Antwort den Respekt des Hundes zu erhalten.

Auf dem goldenen Mittelweg zwischen diesen beiden Extremen finden wir den Menschen, der sich durchsetzt. Er ist weder aggressiv noch weichlich, sondern im eigenen Gleichgewicht.

Der gute Umgang mit dem Hund zeichnet sich dadurch aus, so sanft wie möglich und so bestimmt wie nötig zu sein. Eine der grundlegenden Einstellungen ist es, Dinge gemeinsam mit dem Hund zu tun.

Es gibt keine starren Gesetze - nur Prinzipien und Absichten.

Es gibt 7 definierbare Eigenschaften, die eine gute Beziehung zwischen Hund und Mensch ausmachen:

1. Herz, 2. Respekt, 3. Flexibilität, 4. Einstellung,

5.Gefühl, 6.Weisheit, 7.Erfahrung

Von diesen 7 Eigenschaften müssen Hunde 2½ haben, Menschen die anderen 4 1/2, d. h. beide teilen sich eine davon, das Herz.

2 1/2 Qualitäten des Hundes:

<u>1/2 Herz</u>: In Geschichten und Erzählungen haben wir alle schon von Hunden gehört, die zu unerhörten Leistungen fähig waren.

Ein guter Hundebesitzer setzt alles daran, dass dem Hund klar ist, wie sehr er seinen Menschen mag und braucht - er schafft somit eine tiefe Bindung.

Respekt: Respekt vor dem Menschen ist eine der wichtigsten Eigenschaften, die ein Hund braucht. Respekt hat nichts mit Gewalt zu tun. Ihm liegt eine kooperative, willige Basis zugrunde. Damit dein Hund dich respektiert, darf er dich nicht fürchten, er muss dich jedoch als Vorgesetzten betrachten.

Respekt ist schwer zu erlangen und leicht zu verlieren.

Flexibilität: Mentale Flexibilität kommt direkt vom Menschen. Menschen, die sich sehr an Gesetze und Regeln halten, also unflexibel sind, haben selten flexible Hunde und wären damit auch überfordert Menschen jedoch, die aufgrund ihrer Einstellung in der Lage sind, mit einer gewissen Phantasie Probleme zu lösen und das beste aus neuen Situationen zu machen, haben meistens flexible Hunde.

4 1/2 Qualitäten des Menschen:

1/2 Herz: Für den Menschen ist es von vornherein wichtig zu wissen, dass es den Hund nicht interessiert, wie viel der Mensch weiß, solange er nicht spürt, wie sehr dieser sich um ihn kümmert.

Es gehört zu den Erfolgsgeheimnissen im Umgang mit Hunden, ihnen zuallererst zu zeigen, in welchem Maß man für sie da ist, bevor man ihnen zeigt, wie viel man weiß.

<u>Einstellung:</u> Die Einstellung, die der Mensch mitbringt, ist möglicherweise das Wichtigste für den Hund. Der Mensch sollte aufgeschlossen sein für Neues, sollte die natürlichen Standpunkte des Hundes kennen und schätzen. Lerne, ein natürlicher Vorgesetzter zu sein, ein Partner für deinen Hund.

<u>Gefühl:</u> Durch diese Fähigkeiten kann der Mensch mit dem Hund kommunizieren.

Die Kunst zu fühlen ist etwas, was der Mensch noch weiter entwickeln muss. Der Hund fühlt ALLES. Der Mensch fühlt meistens nur das, was er NICHT mag.

<u>Weisheit:</u> Weisheit heißt verstehen. Die meisten Menschen denken naturgemäß wie Menschen, deshalb verstehen sie Hunde nicht. Stattdessen müssten sie ,,Hundeverstand" haben, mit der Fähigkeit zu denken wie ein Hund. Und sie müssen von den Hunden lernen, denn sie sind es, die denken wie ein Hund. Mit anderen Worten: „wenn du in Rom bist, denke wie ein Römer; wenn du bei Hunden bist, denke wie ein Hund".

<u>Erfahrung:</u> Man muss Erfahrungen machen, um Erfahrung zu bekommen und damit man daraus lernt, braucht man sie beide: gute und schlechte. Gutes Urteilsvermögen entsteht durch Erfahrung und dem Lernen aus eigenen Fehlern.

DIE 5 PRINZIPIEN DES GUTEN HUNDEBESITZERS

Sei nicht voreingenommen

Kommunikation

Gerechtigkeit ist die Einstellung

Körpersprache ist individuell

Hund und Mensch bilden sich gegenseitig aus

Sei nicht voreingenommen

Es kann leicht geschehen, dass man meint, vorher zu wissen, was geschehen wird und ebenso leicht, den Hund zu lehren, genauso zu denken. Gehe lieber davon aus, dass dein Hund heute genauso gelaunt ist wie gestern und vorgestern, egal, ob das gut war, schlecht oder unbestimmbar. Hunde leben von Augenblick zu Augenblick also zeitnah.

Von entsprechender Bedeutung ist es also, den Hund zu lehren, nicht voreingenommen zu sein.

Nehmen wir hierzu ein Beispiel zu Hilfe: du hast an 5 Trainingstagen deinen Hund an der gleichen Stelle nach den Übungen abgelegt. Nach ca. 10 Minuten hast du dann den Hund abgeholt. In der sechsten Übungsstunde wird der Hund die Entscheidung vorwegnehmen, denn als du auf ihn zugehst, steht er auf und läuft dir entgegen, und erwartet, dass die Übungsstunde nun beendet ist. Lehre deinen Hund dir nichts vorwegzunehmen.

Und dies tust du, indem du den Zeitpunkt und den Ort für das Aufhören bestimmst.

Kommunikation

Kommunikation bedeutet verstehen. Die Mittel zur Kommunikation sind z.B. Stimme, Körpersprache, Handlungen (Reaktionen).

Wenn ich meinem Hund das Kommando „Hier" gebe und mein Hund zu mir kommt, haben wir kommuniziert. Aber wenn ich ihn pausenlos „zutexte", und er nicht reagiert, habe ich nur geredet.

Schauen wir uns ein Beispiel an, wie ein Hund während eines Spazierganges versucht, mit dem Menschen zu kommunizieren: der Hundeführer zieht seinen Hund an der Leine, damit er hinterherkommt. Anstatt auf den Hund zu „Hören", der sagen möchte: ,,warte doch einen Moment, ich möchte meinen Bedürfnissen nach Fortbewegung, Erkunden, Sozialkontakten usw. nachgehen", zieht der Mensch den Hund weiter und sagt: ,, halt Ruhe und tu, was ich dir gesagt habe".

Gerechtigkeit ist die Einstellung

Deine Einstellung zum Hund sollte fair und gerecht sein. Mit anderen Worten: du willst erreichen, dass deine Wünsche auch die Wünsche deines Hundes sind - doch zuvor musst du seine Bedürfnisse kennen und verstehen.

Dann ist es deine Aufgabe dafür zu sorgen, dass die un- erwünschten Dinge schwierig erscheinen, um zu ermöglichen, dass die erwünschten leicht fallen.

Wenn der Hund eine unerwünschte Handlung zeigt, dann verändere du die Situation dahingehend, dass es für den Hund schwierig oder unbequem ist, zu tun, was er gerade tut. Es gibt Menschen, die lassen ihrem Hund etwas durchgehen und werden dann ärgerlich.

Du musst bestimmt auftreten. Tu etwas, wenn es erforderlich wird. Bestimmt liegt zwischen aggressiv und weichlich. Sei so sanft wie möglich, ohne jedoch lasch zu sein.

Vertraue darauf, dass dein Hund tun wird, was du von ihm möchtest; sei aber bereit einzugreifen.

Versuche, ein natürlicher „Vorgesetzter" zu sein.

Um jederzeit gerecht sein zu können, musst du bestimmt auftreten, du musst „dafür sorgen" - nicht einfach „machen"; Du musst „ermöglichen" - nicht nur „geschehen lassen".

Körpersprache ist individuell

Körpersprache ist individuell. Du hast sie. Der Hund hat sie. Hunde tun einiges, um uns mitzuteilen, was sie wollen. Es gibt eine ganze Reihe von Zeichen, die uns die Gedanken unseres Hundes sichtbar machen.

Die Körpersprache des Menschen ist ebenso wichtig, wenn nicht sogar wichtiger. Doch die meisten Menschen kennen die eigene

Körpersprache kaum. Die Art, wie sie Hunde anschauen, wie sie sich bewegen und stehen, verrät den Hunden, was in ihnen vorgeht. Durch eine unbeabsichtigte Körpersprache kann es daher leicht zu Missverständnissen zwischen Hund und Mensch kommen.

Hund und Mensch bilden sich gegenseitig aus

Lernen wir von unseren Hunden - sie sind die besten Lehrmeister. Und dafür gibt es einen guten Grund. Wenn du z. b. erfahren möchtest, wie ein gut ausgebildeter Hund „bei Fuß" geht, so nimm dir einen ausgebildeten Hund, von dem du lernen kannst. Er wird dir zeigen, was eine Wendung und ein Anhalten für ihn bedeuten und du kannst daraus wertvolle Erfahrungen für die Ausbildung deines eigenen Hundes sammeln.

Positives Denken ist der erste Schritt zu positiver Problemlösung

Je objektiver und intensiver du diesen Grundsatz befolgst, desto weniger Überraschungen und Ärger erwarten Dich im Umgang mit deinem Hund.

Hat dein Hund jedoch bislang auch schon nicht so richtig „funktioniert", hat er sich schon immer kleine Frechheiten herausgenommen und demonstriert, dass du ihm nichts zu sagen hast, dann solltest du dir darüber im Klaren sein, dass es jetzt fünf vor zwölf ist. Du hast noch eine Chance, die Kurve zu kriegen und deinen Hund einzuordnen. Oder soll dein Hund zukünftig unabhängig von dir eigene Entscheidungen treffen - Entscheidungen, die selten in deinem Sinne sein werden!

Das Verstehen des Hundes hängt in erster Linie nicht von der Quantität deiner Handlungen ab, sondern von der Qualität.

Hast du schon einmal einen Schäfer bei der Arbeit beobachtet? Da gibt es klare Kommandos, die sofort befolgt werden müssen. Ohne klare Anweisungen herrscht Chaos. Gleichzeitig darf ein Arbeitshund kein reiner Befehlsempfänger sein. Er darf nicht erwarten, dass sein Herr für ihn denkt und Ihn wie einen Roboter los schickt. Vielmehr muss der Hund die Situationen sofort erfassen, er wartet lediglich auf das Kommando, eingreifen zu dürfen - schneller, langsamer, heftiger, weiter hinauszulaufen und zurückzukommen. Er stellt den verlängerten Arm des Schäfers dar, der die Richtung und Reichweite vorgibt -aber vor Ort, die Hand, das ist der Hund, der nun selbst wissen muss, was er zu tun hat, damit das Ausschwenken des Arms auch zum Ziel führt.

Das klappt nur bei eindeutigen Kommandos und einer hervorragenden Beziehung zwischen Hund und Mensch. Das Kommando muss dem Hund bei seiner Arbeit helfen, er muss sich blind darauf verlassen können, ebenso wie der Schäfer, dass der Hund in der Entfernung vor Ort das Richtige tut. Er befolgt das Kommando aber nur deshalb zügig und exakt, well er weiß, dass es ihm zum Erfolg verhilft. Es macht also Sinn für den Hund. Nur so kann Ihn der Schäfer überhaupt einsetzen.

Dabei muss man wissen, dass die Hunde weit entfernt von ihren Menschen arbeiten, dort, wohin der Mensch in der Geschwindigkeit nicht kommt, um selbst einzugreifen. D.h. sie müssen sich vom Führer lösen und ihm nicht am Rockzipfel hängen. Eine gewisse Unabhängigkeit ist wichtiger Teil der Persönlichkeit. Gleichzeitig muss er so kooperationsbereit sein, um auch auf große Distanz blitzschnell zu gehorchen.

Ein Schäfer, der Verantwortung - und damit auch das Sagen - für sein Land, seine Tiere, seine Mitarbeiter und Familie hat, ist immer eine Führungspersönlichkeit. Das erkennt der Hund sofort. Da wird auch nicht lange gefackelt, sondern Ungehorsam bestraft und Gutes belohnt. Die richtige Korrektur zur richtigen Zeit genügt bei den intelligenten Hunden oft nur einmal im Leben. Hier geht es nicht um ausgefeilte Gehorsamsübungen oder für den Hund sinnlose Dinge, sondern Ungehorsam bedeutet im Umgang mit dem Vieh unmittelbare Gefahr für Mensch und Tier. Zuverlässigkeit, gegenseitiges Vertrauen, das ist die Basis für eine hervorragende Zusammenarbeit. Der Hund hat klare Vorgaben, weiß, was er tun und lassen darf. Das gibt ihm Sicherheit, macht Ihn zufrieden.

WIE BIST DU AUF DEN HUND GEKOMMEN?

Was sind deine Ziele? Wie fit bist du? Wie alt und fit ist dein Hund? Möchtest du Wettkämpfe bestreiten? Hast du genügend Zeit für das Training? Hast du für dein Ziel die richtigen Trainingsmöglichkeiten?

Überlegungen dieser Art sind wichtig um ,,richtig zu trainieren". Mit der Planung fängt alles an. Doch bevor man sich überlegt, wie man am besten an das geplante Ziel kommt, sollte man wissen, wohin man überhaupt will!! Sonst kann es sein, dass man an einem ganz anderen Ort landet.

Stelle dir vor, wie viel Freude es machen würde, ein aufregendes, verlockendes Ziel vor Augen zu haben. Wie motiviert du wärst!

TRAININGSPLANUNG: ZIELE SETZEN

Es gibt drei Möglichkeiten sich Ziele zu setzen:
a)   ein zu niedrig gesetztes Ziel,
b)   ein realistisches Ziel,
c)   ein zu hoch gesetztes Ziel.

Zu niedrig gesetzte Ziele und solche, die nicht klar definiert sind, führen zu Mangel an Motivation und konzentrierter Aufmerksamkeit. Die Folge davon: misslungene Übungen, schlecht gelaufene Parcours. Das Gefühl, von überhaupt nicht besser werden, kommt auf.

Realistische Ziele. Bei realistischen Zielen wird das trainieren interessant, es macht Spaß, man freut sich an der Herausforderung. Du wirst selbst merken: wenn du ruhig und gelassen deinen Hund führst, dann „stimmt es für Dich" und das Ziel ist realistisch gesteckt.

Zu hoch gesetzte Ziele sind die Hauptursache für Misserfolg und Frustration.
Wenn wir nur den leisesten Zweifel daran haben, ob wir unser Ziel erreichen, wird die Konzentration beeinträchtigt, und wir kommen nicht in die richtige mentale Verfassung um unser Bestes zu geben. Zeichen für ein zu hoch gesetztes Ziel: In deinem Kopf macht sich eine Unsicherheit breit und deine Muskeln verspannen sich. Negative Gedanken kommen auf.

ZIELSPIEL MIT DEM EIMER

Hole einen Eimer und nimm, wenn möglich, einen Partner zum Spiel mit. Wenn du keinen Partner finden kannst, geht das Spiel auch ohne. Der Partner hat die Aufgabe, deine Körpersprache zu beobachten und dir nach dem Spiel ein Feedback über deinen Gesichtsausdruck, deine Körperbewegungen usw. zu geben. Danach vertausche die Rollen und tue für ihn dasselbe. Dein Partner sollte auf der anderen Seite des Eimers stehen, damit er dich gut sehen kann. Zuerst stehe direkt vor den Eimer und wirf einen Ball nach dem anderen hinein.

Achte darauf, wie du dich in dieser Position fühlst, wie du den Ball wirfst. Nach etwa 20 Würfen, gehe zehn große Schritte zurück, etwa 10 m. Jetzt wirf wieder 20 Bälle in den Eimer - oder ziele zumindest darauf! Achte darauf wie du dich mit diesem Ziel fühlst. Wie ist deine Haltung? Wie ist dein Bewegungsablauf beim Wurf? Hast du anders ausgeholt als vorher?

Jetzt finde deine persönliche Distanz zum Eimer heraus, d.h. die Distanz bei der du sicher sein kannst, alle Bälle in den Eimer zu bekommen. Wirf aus dieser Position weitere 10 Bälle, und achte dabei wieder auf deine Haltung und auf dein Gefühl bei diesem Ziel. Wie ist deine Armbewegung in dieser Haltung im Vergleich zu vorher? Hast du dein Ziel erreicht, alle 10 Bälle in den Eimer zu werfen? Wenn nicht, musst du deine Zielvorstellung überprüfen und näher heran gehen! Wenn du dein Ziel erreicht hast, könntest du noch einen Schrift zurückgehen. Wirf aus dieser Position wieder 10 Bälle in den Eimer und überprüfe deinen Erfolg, bis du die ideale Position gefunden hast, von der du alle 10 Bälle in den Eimer werfen kannst. Tausche nun die Plätze, bevor du irgendein Wort mit dem Partner wechselst. Nun beobachte seine Körpersprache und seinen Gesichtsausdruck.

STOPP! Spiele die Übung durch, bevor du weiter liest.

Wenn Ihr beide dieses Spiel gespielt habt, solltet Ihr einander Eure Beobachtungen mitteilen.

Beantworte dir jetzt folgende Fragen:
1. Wie habe ich mich gefühlt, als ich ganz nah am Eimer stand?
2. Wie habe ich mich gefühlt, als ich 10m vom Eimer entfernt stand?
3. Wie habe ich mich gefühlt, als ich mir meinen Abstand zum Eimer gewählt habe?
4. Habe ich es geschafft, aus der ersten von mir gewählten Position alle 10 Bälle in den Eimer zu werfen, oder musste ich näher herangehen?
5. Stand ich bei der dritten, selbst gewählten Position immer noch unter einem gewissen Druck, oder war es langweilig für mich? (Mit anderen Worten, war die von dir gewählte Distanz zu groß, zu klein, oder gerade richtig, um das Ziel zu erreichen?)
6. Was hat mir mein Partner während dieser Übung zu meiner Körpersprache erzählt?
7. Was habe ich durch die Beobachtung meines Partners selber gelernt?
8. Was sagt mir diese Übung darüber wie ich meine Ziele setze?

SELBSTBEURTEILUNG VON STÄRKEN UND SCHWÄCHEN

Grundlagen zum Setzen von Zielen sind:
die momentanen Tatsachen und das Befinden von dir und deinem Hund.

Es ist sehr zu empfehlen, über die eigenen Stärken und Schwächen sowie die Stärken und Schwächen deines Hundes nachzudenken. Erstelle von dir und deinem Hund einen aktuellen ,,Steckbrief".

Dieser ,,Steckbrief' ist eine gute Grundlage für deinen ganz persönlichen Trainingsplan.

STECKBRIEF

                                    DU   DEIN HUND

KONDITION:

Ausdauer

Kraft

Schnelligkeit

Beweglichkeit

Lauftechnik

HUNDESPORT bezogen:

Führungstechnik

Motivation

Teamgeist

MENTALE VORAUSSETZUNG:

Konzentration

Selbstvertrauen

Nervosität

Beharrlichkeit

Wahrnehmung

(Trage ein und bewerte: 1=sehr gut, 2=ausreichend, 3=muss verbessert werden. Wenn es Differenzen zwischen dir und deinem Hund gibt: arbeite stets daran – nicht als Übung – es muss Alltag werden!)`

OPTIMALE GESTALTUNG DER TRAININGSZEIT

Die Grundlage, den „Steckbrief" hast du angefertigt und nun entwerfe dir einen Trainingsplan:

Die Trainingsplanung sollte Tatsachen enthalten. Die Zeit, für mögliche persönliche Bedürfnisse und Trainingsstunden, in Sommer und Wintertraining aufgegliedert. Im Winter konzentriere Dich mehr auf das Kraft- und Ausdauertraining. Wenn du im Sommer an vielen Wettkämpfen teilnimmst, fehlt dir dazu die nötige Zeit. Verschiedene
Trainingsarten, wie Ausdauer, Kraft, Führung, Schnelligkeit, Lauftechnik und Wettkampftraining, Mentaltraining, auch Ruhezeiten, werden zum richtigen Zeitpunkt und in der richtigen Dosierung eingeplant um optimale Trainingsanreize zu setzen. Mit Hilfe des Trainingsplans kannst du deine, dir zur Verfügung stehende Zeit, optimal einteilen.
Der Trainingsplan ist dein Leitfaden für Tages-, Wochen-, Saison- und Endzielplanung. Manchmal hast du zuviel, manchmal zu wenig Energie. Du kannst lernen mit diesen Kräften, mit Hilfe einer Trainingsplanung, gezielter umzugehen. Richtig dosiert, wird dein Leistungsvermögen und das deines Hundes gesteigert.

Leistungssteigerung:
Du kannst die Leistungssteigerung von dir und deinem Hund nur messen, wenn du diese kontrollierst. Dies ist möglich mit einem Trainingsprotokoll.

Der Alltag beinhaltet genügend Versuchungen oder Verpflichtungen, um dich vom eingeschlagenen Weg abzubringen. Eine richtige Dosierung der Trainingsbelastung ist sehr wichtig. Du und dein Hund sollten Freude, Spaß und Wohlbefinden verspüren dabei.

Um Dich weiter zu entwickeln, brauchst du Trainingsanreize und Ruhepausen. Bei gleich bleibender Belastung stumpft dein Interesse
am Training ab. Deine Leistungen bleiben gleich, und die Erfolgserlebnisse bleiben aus.

MEINE ZIELE:

Saisonziel:

Monatsziel:

Wochenziel:

Tagesziel:

TRAININGSVORSCHAU

Es wird leichter das geplante Trainingssoll zu erreichen, wenn du eine Trainingsvorschau ausarbeitest. So planst du auch für die Woche. Du kennst dein Pensum das eingehalten werden soll, und du richtest Dich eher daran. Du hast Ziele gesetzt.

TRAININGSUMFANG

Wenn die Umsetzung des Trainingsplanes Erfolg zeigen soll, hängt dies von den sorgfältigen Ermittlungen und der verfügbaren Trainingsstunden ab.

Es ist von Vorteil den Trainingsaufwand so zu gestalten, dass das Umfeld, Familie, Beruf und andere Verpflichtungen, wie auch Ruhephasen darin Platz finden.

Hast du dich entschlossen mit Trainingsplanung zu trainieren, beachte, dass du nicht zu energisch beginnst. Beginne gemächlich und steigere langsam.

Hast du bei deiner Planung zuviel Zeit für das Training eingesetzt, dann werde bescheidener. Deine Freude nimmt bei zuviel Stress ab, und das nicht einhalten können des Trainingsplanes sind die Folgen. Plane genügend Zeit für dein Umfeld und für deine persönlichen Bedürfnisse ein.

Wochenplanung

Richte dich nach dem Prinzip: Belastung/Erholung. Trainiere jeden zweiten Tag, oder lasse auf jedes intensive Training ein lockeres folgen.

Wer irgendwo ankommen will
muss sich irgendwann auf den Weg machen.

AUFMERKSAMKEIT

Ein allgemeines Problem ist es, dass Hunde sobald sie vor die Tür kommen aufhören auf ihren Besitzer zu achten. Sie werden draußen abgelenkt durch verschiedene Eindrücke, Töne etc. und die Besitzer können versuchen die Aufmerksamkeit ihres Hundes zu erhalten – sie werden es nicht schaffen.

Das Problem hier ist nicht die Qualität des Leckerlis oder Spielzeuges. Das Problem ist, dass der Hund nicht gelernt hat sich auf dich zu konzentrieren wenn er durch verschiedene Situationen abgelenkt wird.

Beobachtung ist ein erlerntes Verhalten – es muss also geschult werden – Schritt für Schritt. Aufmerksamkeit ist das wichtigste Verhalten was du deinem Hund überhaupt beibringen musst, weil es die Vorbedingung zu jedem anderen Verhalten ist. Wenn du die Aufmerksamkeit deines Hundes nicht erhalten und beibehalten kannst, wie kannst du dann ein anderes, gewünschtes Verhalten deines Hundes erreichen?

Eigene Ideen/Gedanken: (Wie erreiche ich die Aufmerksamkeit meines Hundes?)

Erkenne, wo du stehst,
wo du hin möchtest.
Mach deinen Plan.
Und dann geh!

LECKERLIS ?

Ein sehr umstrittenes Thema in der Hundeerziehung ist die Arbeit mit Leckerlis. Gegner reden gar von Bestechung, was natürlich falsch ist, denn eine Bestechung wird <u>vor</u> einer erbrachten Leistung gegeben, eine Belohnung <u>danach</u>. Ansonsten hört man unglaublich viele Gegenargumente, die bei näherer Betrachtung immer sehr fadenscheinig sind. Es geht um die eigene Bequemlichkeit, falsche Anwendung, Ignorieren der Bedürfnisse eines Hundes, Nichtwissen von lernbiologischen Zusammenhängen, falsche Einschätzung hundlicher Motivation, mangelndes Ego des Hundehalters, Prinzipienreiterei, Neigung zu Balljunkies, dümmliches Rangordnungsgequatsche, Pseudoangst vor Vergiftung (als wenn Hunde so blöd wären, nicht genau unterscheiden zu können, ob sie etwas aus der Hand des Halters bekommen oder etwas auf dem Boden finden) und so manches mehr.

Wer nicht mit Leckerlis arbeitet, macht es sich, vor allem aber seinem Hund unnötig schwer. Ich zitiere Anders Hallgren aus "Hundeprobleme - Problemhunde":

"Leckerbissen haben eine beruhigende Wirkung. ... Der Leckerbissen schafft einen motivierten, konzentrierten, zur Zusammenarbeit bereiten und ruhigen Hund". Ist es nicht genau das, was jeder Hundehalter will?

Futterbelohnung ist natürlich eine Methode, die nur bei richtiger Anwendung auch erfolgreich ist.

<u>Einige Regeln:</u>

- das normale Trockenfutter, was die Hunde eh jeden Tag bekommen, ist keine echte Belohnung! Eine Belohnung, die den Hund enttäuscht, ist **schlimmer als gar keine** Belohnung, weil die

Enttäuschung zusätzlich frustriert! Wäre eine simple Scheibe Brot für dich eine Belohnung? Sicher nicht, aber ein leckeres Stückchen Torte doch sicherlich oder?

- es sollte aber auch nicht immer das allerliebste Leckerli wie Käse oder Würstchen sein, jedenfalls das, was euer Hund am liebsten isst, sonst kann der Hund zu gierig und ungeduldig werden.

- es sollte weder zu groß noch zu klein sein. Der Hund sollte nicht kauen müssen, aber er sollte es schon im Mund spüren.

- es sollte zwar feucht, aber nicht so klebrig sein, so dass es entweder an den Fingern oder an den Zähnen des Hundes festklebt.

- Abwechslung darf und sollte auch sein. Ich liebe Sachertorte, aber immer nur Sachertorte wäre auf Dauer etwas langweilig.

- nur in Ausnahmefällen, bei Welpen, unsicheren, ängstlichen Hunden sollte es als sichtbares Lockmittel in der Hand eingesetzt werden, ansonsten sollte es nicht sichtbar sein, aber stets griffbereit.

- Leckerlis nicht immer nur aus der Hand geben, auch mal dem Hund zuwerfen oder Futterrollen auf dem Boden.

- seid kreativ, probiert mal alles mögliche aus, vom Katzenfutter bis zu gekochten Hühnerherzen, erstellt eine Leckerlirangliste eures Hundes. Welches mag er am liebsten?

- füttert euren Hund nicht fett. Zieht die Kalorien der Leckerlis von der Tagesration ab.

- Leckerlis langsam abbauen, am Ende nur noch jedes z.B. 5.-10. Mal geben, das verstärkt sogar die Arbeitsleistung des Hundes.

- Leckerlis sollten nicht in knisternden Tüten sein, denn dann fungiert das Knistern immer schon als Lockmittel.

- sie sollten in einer verschließbaren Tasche sein. Es ist ärgerlich, wenn jemand dann mit seinem Hund rennt und den ganzen Platz mit Leckerlis "verseucht", auf dem danach ein anderes Team arbeiten will.

- der Hund sollte möglichst vorher lernen, das Leckerli behutsam und vorsichtig aus den Fingern zu nehmen
- wenn euer Hund sich nicht für Leckerlis interessiert, habt ihr wahrscheinlich entweder die falschen oder er ist einfach satt. Oder er ist im Dauerstress, ein echtes Alarmsignal
- gebt eurem Hund die Leckerlis aus beiden Händen, mal rechts, mal links, an verschiedenen Orten, in verschiedenen Positionen, tragt sie nicht immer an der gleichen Stelle eures Körpers
- gebt das Leckerli dort, wo euer Hund sein soll, z.B. soll er neben euch sitzen, gebt ihr es an eurer Seite, nicht vor eurem Körper
- am Schluss einer Trainingseinheit kann man dem Hund auch mal ruhig eine ganze Handvoll Leckerlis geben, quasi als Jackpot

Denkt daran, Leckerlis sind bei weitem nicht die einzig mögliche Belohnung, aber für viele Situationen und viele Hunde einfach die beste. Über das Richtige Spielen als Belohnung habe ich euch ja auch schon erzählt. Ein Spielzeug kann aber einen Hund auch übermotivieren, am besten lernen Hunde in einer mittleren Motivationslage.

BELOHNUNG oder BESTECHUNG

Eigentlich ist doch jedes dieser Worte auch im allgemeinen Sprachgebrauch eindeutig definiert, aber viele, sehr viele Hundehalter kennen weder die Unterschiede noch machen sie sich überhaupt klar, dass es immens wichtige Unterschiede gibt. Da wird dann das ein oder andere verteufelt ohne dass derjenige auch nur ansatzweise verstanden hat, was er eigentlich verteufelt.
Manchmal ganz schön traurig, denn wie immer muss es der Hund ausbaden und das Lernen wird ihm deutlich erschwert.
Es gibt ja viele, viel zu viele Hundehalter, die kategorisch das Arbeiten mit Leckerlis ablehnen. Das kann man in jedem x-beliebigem Hundeforum regelmäßig lesen. Und immer, wenn man auch nur ein bisschen nachhakt, kommt heraus, dass diese Leute keine Ahnung von Belohnung bzw. Bestechung haben. Traurig, aber wahr.

Belohnung:

Ich belohne jemanden, nachdem er eine bestimmte Handlung ausgeführt hat - er bekommt seine Belohnung, wenn er mit der Handlung fertig ist.
- Ich sage zum Hund "Sitz":
- der Hund setzt sich hin
- wenn er sitzt, bekommt er seine Belohnung, z.B. sein Leckerli.
Er weiß dann, dass seine Handlung richtig war und wird mit hoher Wahrscheinlichkeit auf das nächste "Sitz" wieder richtig reagieren.
Damit eine Belohnung aber auch als solche beim Hund ankommt, sollte sie innerhalb von 1-2 Sekunden erfolgen. Schafft man es nicht, das Leckerli in diesem Zeitfenster aus der Tasche (!) zu zaubern, kommt vorweg schon das verbale Lob, um das

Zeitfenster der Verknüpfung zu nutzen. Was später kommt, wird nicht mehr mit der vorangegangenen Handlung verknüpft!

Ist ein Kommando wirklich gefestigt, belohnt man nur noch jedes 2. oder 3. oder 5. Mal die Durchführung.

Bestechung

Bestechung ist nicht nur im allgemeinen Leben, sondern auch in der Hundeerziehung verpönt, aber wie bereits erwähnt, die Leute, die das Arbeiten mit Leckerlis vehement ablehnen, haben letztendlich immer mit Bestechung gearbeitet. Und es spricht eigentlich nur für die Hunde, wenn sie sich auf Dauer nicht bestechen lassen. Allerdings gibt es auch durchaus mal Situationen, wo es legitim ist einen Hund zu bestechen. Es ist aber ziemlich idiotisch, einem durchstartenden Hund, der gerade einen Hasen hetzen will, ein Leckerli unter die Nase zu halten in der Hoffnung, dass er nicht loshetzt. Und dann vielleicht noch so ein olles klitzekleines Trockenfutterbröckchen. Und diese Leute sind es dann, die lauthals gegen die Verwendung von Leckerlis protestieren. Schade, sehr schade für ihre Hunde!

Ich besteche jemanden, bevor er eine Handlung durchführt, er sieht seine Bestechung vorher und kann dann entscheiden, ob es sich für ihn lohnen wird, diese Handlung durchzuführen oder eine andere oder gar nichts.

- Ich halte dem Hund ein Leckerli vor die Nase
- ich sage zum Hund "Sitz"
- vielleicht setzt sich der Hund, vielleicht bleibt er stehen oder springt hoch oder guckt einem Vogel hinterher. Wenn er das Leckerli sieht, wenn er hochspringt oder dem Vogel hinterher sieht, wird er durch den Leckerlianblick automatisch belohnt, das ist die andere große Gefahr bei der Bestechung.

Eine weitere Gefahr ist, dass die Hunde sich sonst wie bewegen, um an das Leckerli zu kommen, ihnen aber gar nicht klar ist, wie sie sich genau bewegen müssen. Unsere Hunde sollen z.B. nicht möglichst schnell über eine liegende Leiter rasen, sondern langsam und gesittet. Sie sollen lernen, jedes Pfötchen gezielt auf eine Sprosse zu setzen.

Aber gerade bei sehr jungen oder ängstlichen Hunden kann es durchaus mal sinnvoll sein, sie mit leckeren Leckerlis zu bestechen oder zu locken. Kreidet es bitte nicht den Leckerlis als solchen an, wenn mal etwas nicht klappt, sondern überprüft genau, welche Leckerlis ihr wie anwendet. Es hapert im Allgemeinen nicht an der Methode, sondern beim Anwender! Auch das gilt natürlich genauso fürs Spielzeug etc.

…und…. „Immer eine lockere Leine"

Dein Hund muss lernen, dass du führend und er

folgend ist. Merke: Wenn es irgendeinen Zug

auf der Leine gibt, ist sie „stramm".

Akzeptiere ein leichtes Ziehen nicht als OK.

Die Leine ist entweder <u>stramm</u> oder <u>locker</u>.

TIPPS FÜR DEN ALLTAG UND DAS TRAINING

Wir wissen, wie unsere Hunde lernen, wir haben uns viel mit positiver Erziehung beschäftigt und trotzdem klappt es nicht so, wie wir es uns wünschen.

Freunde und Verwandte reden uns in die Hundeerziehung rein, wir bekommen fast einen Herzschlag, wenn uns wieder dieser schlimme Nachbarshund mit seinem uneinsichtigen Herrchen entgegen kommt und obwohl im Training alles geklappt hat, will der Hund im Turnier nicht so, wie wir wollen.

Unsere Gedanken beeinflussen die Arbeit mit dem Hund

Regel Nummer 1:

Setze dir positiv formulierte Ziele, z.B. "In 2 Wochen läuft mein Hund an der Leine ordentlich in der Fußposition".

Überlege dir, wie du daran arbeiten willst, was du bis zu welchem Zeitpunkt erreichen willst. Ziele richten unser Denken und dadurch unsere Handlungen in eine bestimmte Richtung aus. Du wirst viel aufmerksamere Schritte in die richtige Richtung bemerken und verstärken.

Regel Nummer 2:

Formuliere deine Gedanken/Ziele immer positiv („Mein Hund geht an lockerer Leine"). Denke nicht daran, was nicht klappen könnte.

Unser Gehirn erkennt keine Verneinungen. Bei dem Ziel "Mein Hund soll nicht mehr an der Leine ziehen", verarbeitet das Gehirn "ZIEHEN - ZIEHEN - ZIEHEN". Du programmierst dich also auf den Fehler…

Überlege einmal, wie verwirrend das für deinen Hund sein muss:

Du sagst laut "Fuß", aber der Hund spürt deine Unsicherheit "Ziehen - Ziehen -Ziehen..."
Konzentriere dich also darauf, was du erreichen willst und dein Hund wird eindeutige Signale von dir empfangen.

Regel Nummer 3:
Bestimme selbst, wie du reagierst, wie du dich fühlst.

Ein Beispiel:
Du fährst auf der Autobahn. Es ist schönes Wetter, Du hörst Musik und fühlst Dich sehr wohl. Du wechselst auf die linke Spur, weil du überholen willst. Da kommt von hinten ein Auto angerast, fährt auf und gibt dir die Lichthupe. Du fängst an zu fluchen und ärgerst dich. Das gute Gefühl ist wie weggeblasen.

Was ist hier passiert?
Du bist sauer. Wie ist es dazu gekommen? Du hast auf einen visuellen Reiz, nämlich das Auffahren des Hintermanns mit einem sehr starken negativen Gefühl reagiert. Auf einmal hast du schlechte Laune.

Wie kannst du dieses Programm verändern?
Du kannst dir vornehmen, zukünftig auf solche Raser mit Gelassenheit zu reagieren. Dazu müsstest du schauen, wie dein Programm für Gelassenheit aussieht. In welcher Situation bist du gelassen?

Wenn du das Programm für Gelassenheit kennst, ersetzt du das Programm Ärger einfach durch das Programm Gelassenheit. So wird es dir auch gelingen, mit schwierigen Situationen im

Wettkampf gelassen umzugehen, sich von Zuschauern oder Richtern nicht aus der Ruhe bringen zu lassen.

Das hört sich jetzt ganz einfach an, und - es ist auch einfach. Es gibt Übungen, die Dich dabei unterstützen, individuelle Ziele für Alltag, Training und Wettkampf zu formulieren. Du kannst trainieren, wie du z.B. Ruhe und Konzentration (die dir ja in anderen Alltagssituationen zur Verfügung steht), auf Wunsch abrufen kannst.

Qualifiziertes Hundetraining ist die eine Seite des Erfolges - ein konzentrierter und selbstsicherer Hundeführer macht Alltag, Training und Wettkampf schließlich zum Vergnügen.

Wer einen Misserfolg nur als kleinen Umweg
betrachtet,
verliert nie sein Ziel aus den Augen.

Nur wenn du fest daran glaubst,
kannst du etwas schaffen,
was im ersten Moment unerreichbar scheint

Ab hier findest du Antworten, Ideen, Bemerkungen, Hinweise auf viele Fragen rund um den Hund.

STOPP!

… und jetzt: **Brainstorming**

"Brainstorming" heißt wörtlich übersetzt etwa "Gedankensturm". Dabei schreibst du alle Gedanken, die dir kommen, völlig wertungsfrei und unkommentiert auf die freie Seite. Denn durch dieses freie Denken erhöht sich deine Kreativität, und gerade aus abwegigen Gedanken können sich die besten Ansätze ergeben. Das bedeutet, egal wie verrückt oder abwegig dir ein Gedanke erscheint, schreibe ihn trotzdem erst einmal auf. Nimm dir für jeden „Leitsatz" mindestens 2-5 Minuten Zeit.

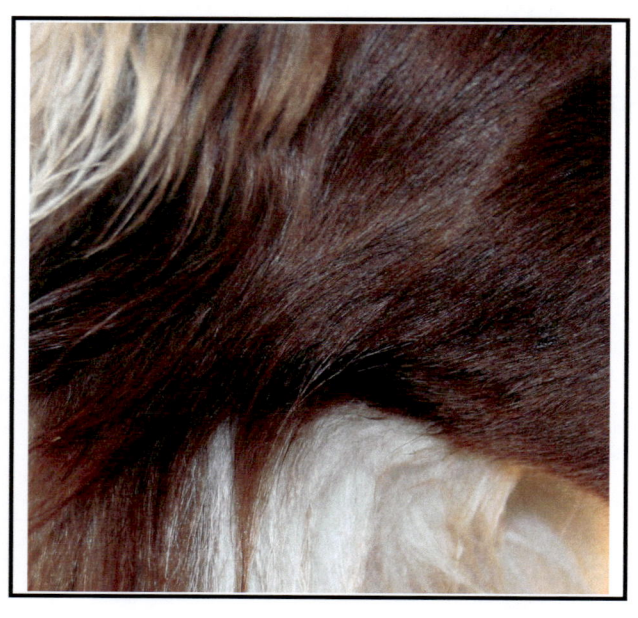

Tell me, and I`ll forget

show me, and I may remember

involve me – and I`ll understand.

(indianisches Sprichwort)

Meine Gedanken, meine Ideen

_____

_____

_____

_____

_____

_____

_____

Hunde sind unsere besten Lehrer.

Man lernt aber nur von ihnen,

wenn man sie beobachtet, wenn

man sich ihr Verhalten

klarzumachen versucht.

Meine Gedanken, meine Ideen

_____

_____

_____

_____

_____

_____

_____

_____

"Autoritär sein" ist das Gegenteil
von *"Autorität haben"*.

Meine Gedanken, meine Ideen

Es gibt nicht eine alleinige richtige Methode, die alle evtl. Probleme löst oder vermeidet...

Meine Gedanken, meine Ideen

_____

_____

_____

_____

_____

_____

_____

_____

Hunde lernen immer, ob wir es wollen oder nicht.

Meine Gedanken, meine Ideen

Hunde lernen hauptsächlich über „Assoziation". Assoziation bedeutet, dass zwei verschiedene Ereignisse/Vorgänge miteinander vom Organismus in Verbindung gebracht werden.

(Pärchenbildung im Gehirn).

Meine Gedanken, meine Ideen

Abstraktionsvermögen,

moralisches Denken und

schöpferischer Geist bleiben

allein

dem Menschen vorbehalten.

Meine Gedanken, meine Ideen

_____

_____

_____

_____

_____

_____

_____

_____

- **_Erziehung_** _führt zu einer erhöhten Kontrollierbarkeit des Hundes in allen denkbaren Alltagssituationen._

- **_Kontrollierbarkeit_** _erhöht eindeutig die Berechenbarkeit._

- **_Berechenbarkeit_** _wiederum gilt als Garant für die Zuverlässigkeit des Hundes._

- **_Zuverlässigkeit_** _fördert das Vertrauen der Menschen, die den Hund durchs Leben begleiten._

- **_Vertrauen_** _schließlich lässt dem Hund einen wesentlich höheren Freiraum zu._

Meine Gedanken, meine Ideen

Gib dem Hund einen festen Platz

– dann fühlt er sich wohl.

Meine Gedanken, meine Ideen

_____

_____

_____

_____

_____

_____

_____

Schutz und Sicherheit können nur gewährleistet werden, wenn die Rangposition geklärt ist.

Meine Gedanken, meine Ideen

Es gibt zwei Rangpositionen

- *Die Position des Ranghohen.*

- *Die Position des Rangniedrigen.*

Ich glaube, dass wesentlich mehr Hunde unter halbranghohen Menschen leiden, als unter Gewalteinwirkung.

Meine Gedanken, meine Ideen

_____

_____

_____

_____

_____

_____

_____

Kompromisse : JA

Ausreden: NEIN

Meine Gedanken, meine Ideen

_____

_____

_____

_____

_____

_____

_____

_____

Jede Aktivität und jede

Beendigung einer Aktivität sollte

von dir ausgehen.

Meine Gedanken, meine Ideen

_____

_____

_____

_____

_____

_____

_____

Es ist sinnlos, mit deinem Hund

zu „arbeiten", wenn du dabei

keinen Spaß hast.

Meine Gedanken, meine Ideen

_____

_____

_____

_____

_____

_____

_____

Bei jeder Hundeausbildung ist

Konsequenz das A und O.

Meine Gedanken, meine Ideen

Wenn du jeden Fehler in der Ausbildung beim Hund suchst, dann bist du nicht für den Hundesport geeignet!

Meine Gedanken, meine Ideen

_____

_____

_____

_____

_____

_____

_____

_____

Ein guter Hundeführer sucht die Fehler immer bei sich selber und überlegt, wie er es dem Hund besser lernen kann, damit dieser eine Übung korrekt ausführt oder besser verstehen kann!

Meine Gedanken, meine Ideen

_____

_____

_____

_____

_____

_____

_____

_____

Das Timing ist wichtig! Dein Hund soll verstehen, wofür er belohnt wird.

Meine Gedanken, meine Ideen

_____

_____

_____

_____

_____

_____

_____

_____

1. Wir erhöhen die Anforderungen in so kleinen Schritten, dass der Hund stets eine Chance hat, sie auch zu erfüllen.

2. Wir üben stets nur ein neues Verhaltensdetail, nie zwei verschiedene gleichzeitig.

3. Das Verhalten das wir mit dem Hund üben, muss dieser bei variabler Belohnung sicher zeigen, bevor wir ein neues Detail des Verhaltens in Angriff nehmen.

4. Wenn wir ein neues Detail mit ihm üben, müssen wir zulassen, dass er das bisher Gelernte schlechter ausführt.

Meine Gedanken, meine Ideen

Man kann eine Situation nicht

ändern, solange man sie nicht

verstanden hat.

Meine Gedanken, meine Ideen

_____

_____

_____

_____

_____

_____

_____

Ein Hund ist nur dominant, wenn der Besitzer sich dominieren lässt!

Meine Gedanken, meine Ideen

_____

_____

_____

_____

_____

_____

_____

_____

Zum Autor:

Mit Halla, der deutschen Schäferhündin meiner Eltern, erfüllte sich mir der lang gehegte Wunsch nach einem eigenen Hund. Damals, im Jahr 1978, hat eigentlich mein „Hundeleben" so richtig angefangen. Dieser Anfang war durch eine so intensive Beziehung zu Halla gekennzeichnet, dass mein ohnehin nicht allzu großes Interesse an Lehrbüchern der Schule immer mehr dem Interesse für Literatur über Hunde und dem Beobachten und Praktizieren des Gelesenen im Umgang mit Halla weichen musste.

Durch viele eigene - oft auch negative Erfahrungen - mit Hundevereinen, Hundesport aber auch mit Tierärzten, reifte in mir der Entschluss, Wege zu finden - Wege, die es mir ermöglichten mit Hunden und Menschen "zu arbeiten", ihnen und vor allem ihren Bedürfnissen gerecht zu werden und bei Missverständnissen zu vermitteln...

Respekt, Toleranz aber auch Einfühlungsvermögen für verhaltensbiologische Besonderheiten und den unterschiedlichen Mensch-Tier-Bindungen sind für mich zu wesentlichen "Aufgaben" auf meinem Weg geworden...

...denn ein Hund ist nun mal keine Maschine, die auf Knopfdruck funktioniert!

Es gibt nicht eine alleinige richtige Methode, die alle evtl. Probleme löst oder vermeidet...

Außerdem kann ich auf folgende Erfahrungen/Ausbildungen zurückgreifen:

Versorgung, Ausbildung und Training von Therapiehunden

Zusammenarbeit mit Tierärzten und -praxen

Ausbildung und Teilnahme in versch. Sparten des Hundesports z. B. Begleithund, Schutzhund, Fährtenhund, Breitensport, Obedience etc. (mehrfacher Teilnehmer Landesmeisterschaften, Dt. Meisterschaft)

Teilnahme am Ausstellungswesen (mehrf. Bundessieger, Europasieger, Qualifikation Crufts etc,)

Leitung diverser Ausbildungsgruppen in Hundesportvereinen

Jahrelange Tätigkeiten im Bereich des Tierschutzes, Kontrolle von Haltungsbedingungen nach Anzeigen, Zusammenarbeit mit Städten, Gemeinden, Polizei und Veterinärämtern...

Studium der Tierpsychologie mit der Spezialisierung Hund

Fortbildungsveranstaltungen zu allen relevanten Themen

Ausbildung zum Bachblütentherapeut für Tiere und Ernährungsberater für Hunde (NAP)

Autor mehrerer Artikel in Fachzeitschriften

Zugelassener Prüfer gemäß Landeshundegesetz zur Durchführung von Verhaltens- und Sachkundeprüfungen

Durchführung von Hundetrainerausbildungen

...... und auch weiterhin stehen Fort- und Weiterbildungen in den Bereichen Verhaltensbiologie und -ökologie, Naturheilkunde, Alternativmedizin, versch. Erziehungsmethoden in meinem Kalender...

NOTIZEN: